Klein-Häsi

und andere Ostergeschichten

esslinger

ALFRED HAHN'S VERLAG

Klein-Häsi und andere Ostergeschichten
ISBN 978-3-480-40153-6

Einband- und Innentypografie: Christine Sassie
Reproduktion: Schwabenrepro GmbH, Fellbach
Druck und Bindung: Livonia Print, Riga, Lettland
Vorwort: Christina Nömer

© 2022 Alfred Hahn's Verlag / Esslinger
in der Thienemann-Esslinger Verlag GmbH
Blumenstraße 36, D-70182 Stuttgart
www.thienemann-esslinger.de
Printed in Latvia
2. Auflage 2022

Klein-Häsi

und andere
Ostergeschichten

esslinger
ALFRED HAHN'S VERLAG

Wie der Hase zu den Ostereiern kam ...

Mit dem Frühling verbinden wir viele angenehme Dinge: Die Sonne, die jeden Tag ein bisschen mehr die restliche Kälte des vergangenen Winters vertreibt, die ersten Krokusse und Narzissen, die ganz vorsichtig ihre Köpfchen aus der Erde strecken, und natürlich das Osterfest. Und wer darf dabei auf keinen Fall fehlen? Genau, der Osterhase! Er ist es schließlich, der am Ostersonntag die bunt gefärbten Eier für die Kinder im Garten versteckt. Aber wie kommt es eigentlich, dass ausgerechnet der Hase die Ostereier bringt und nicht etwa die Henne, die sie immerhin legt?

Diese Frage ist nicht so leicht zu beantworten, denn noch vor ein paar Jahrhunderten war es in den verschiedenen Gegenden Europas durchaus Brauch, dass andere Tiere wie der Kuckuck, der Fuchs, der Storch oder der Hahn die Eier brachten. Wieso verbinden wir heutzutage also den Hasen mit Ostern?

Tatsächlich finden sich zahllose Legenden und Geschichten rund um den Osterhasen. Erstmals schriftlich erwähnt wurde der eierbringende Hase

im Jahr 1682 von Georg Franck von Franckenau, einem Medizinprofessor aus Heidelberg. In seiner Abhandlung *„De ovis paschalibus"*, deren Titel eher nach einem mysteriösen Zauberspruch klingt, übersetzt aber eigentlich nur *„Von Ostereiern"* heißt, belächelt er den Glauben an den Osterhasen und rät von einem übermäßigen Eierverzehr vehement ab.

Der Ursprung der Legenden um den Osterhasen liegt aber zeitlich viel früher. So galt der Hase bereits bei den Germanen als heiliges Tier der Frühlingsgöttin Ostara und als Fruchtbarkeitssymbol. Bis heute ist nicht abschließend geklärt, ob das Wort „Ostern" vielleicht sogar vom Namen dieser Göttin abgeleitet wurde. In den Architektur- und Kunstwerken der Antike ist der Hase ebenfalls anzutreffen, hier symbolisiert er Leben und Wiedergeburt. Diese Bedeutung wird ihm auch im späten Mittelalter vom Christentum zugesprochen: Der Hase und das Ei versinnbildlichen die Auferstehung Jesu Christi, die an Ostern gefeiert wird und bis heute das wichtigste Fest für die Christen geblieben ist.

Ostern wird traditionell zum ersten Vollmond nach dem Frühlingsanfang gefeiert. Eine weitere Legende besagt, dass man in dieser Zeit sogar einen

liegenden Hasen im Mond erkennen kann. Deshalb gilt der Osterhase auch als Mondtier. Ebenfalls viel Fantasie braucht man, wenn man die Annahme vertritt, dass die Hasentradition auf ein verbackenes Osterlamm zurückzuführen ist, das im Ofen die Form eines Hasen angenommen hat.

Ob Fruchtbarkeitssymbol, Mondtier oder missglückter Kuchen – im Grunde ist es gar nicht so wichtig, woher die Geschichte vom Osterhasen wirklich kommt. Ostern ohne Hase ist heutzutage undenkbar! In allen Ecken und Enden begegnen uns im Frühling kleine und große Häschen. Mit seinem kuscheligen Fell, seinen langen Ohren und seiner Wackelnase muss man den Osterhasen einfach lieb haben.

Ebenso schnell wachsen uns die Häschen im vorliegenden Sammelband ans Herz – sei es der eifrige Häsi, der erst noch lernen muss, wie man ein guter Osterhase wird, Meister Lampe, der ein Fest zum 50. Jubiläum feiert oder die bezaubernden Reime zu „Alle meine Häschen", die uns so schön auf Ostern einstimmen. Und wer weiß, vielleicht kommt sogar ein verformter Osterkuchen vor …

Christina Nömer

Klein-Häsi

Eine lustige Hasengeschichte

Verse von Marianne Speisebecher
Bilder von C. O. Petersen

Als Sonntag Früh die Glocken klangen,
am Himmel hoch die Lerchen sangen,
die Sonne schien auf Wald und Feld,
da sah'n drei allerliebste Hasen,
gebettet auf den weichen Rasen,
zum ersten Mal die schöne Welt.
Zwei Mädchen und ein Hasenjunge,
mit weißen Schnäuzchen, roter Zunge,
sie lagen weich im warmen Neste,
Frau Häsi pflegte sie aufs Beste.

Der Vater und die Mutter beide
betrachteten sie voller Freude,
und glücklich hub die Häsin an:
„Sie gleichen dir, mein lieber Mann,
das Seidenfell, die Schnäuzchen zart,
die Augen hell, der kleine Bart –
Klein-Häsi gleicht dir auf ein Haar!"
Stolz sprach der Vater: „Es ist wahr,
ich seh es selbst, der Bub gleicht mir,
die Mädchen aber sind nach dir."

Dann legte man sie alle drei
in eine Wiege in die Reih',
und in den stillen Abendstunden
hat Mutter auch noch Zeit gefunden
für ein paar Höschen, ein paar Kleider,
sie sitzen wie vom besten Schneider.
Doch grade als sie fertig waren,
kam der Besuch schon angefahren:
die Tante Purzel, Onkel Bock,
in seinem schönsten Sonntagsrock;

die Hasenmutter freut sich sehr
und holt sogleich die Kinder her.
Die Mädchen sind so süß und stumm
und krabbeln noch im Gras herum,
doch Häsi macht bereits ein Männchen
und gibt dem Onkel Bock das Händchen.
Der Vater streicht sich stolz den Bart:
„Ja Häsi ist von meiner Art,
so groß, so kräftig und so schlau
war ich als kleiner Bub genau."

Bald springen alle flink durch's Gras.
„Es wird nun Zeit", spricht Mutter Has,
„dass wir einmal spazieren gehen
und uns die weite Welt besehen!

Ihr seid ja nun schon große Kinder,
da ist euch Kohl und Klee gesünder
als Milch und Brei und Hasenkuchen;
ihr dürft euch selbst jetzt Futter suchen.
Doch kann ein Hasenmagen
nicht jedes Kraut vertragen:
Von Sauerklee tut's Bäuchlein weh,
doch Klee mit roter Blüte,
ist von besond'rer Güte,
macht alle Häschen stark und klug,
drum frisst man davon nie genug.
Ihr dürft jedoch beim Fressen
das Umschau'n nicht vergessen,
vorsichtig seid auf jeden Fall,
Gefahren drohen überall,
und wenn ihr Fuchs und Habicht seht,
dann flieht geschwind, eh' es zu spät,
ob rechts, ob links, nur husch, husch, husch,
kopfüber in den nächsten Busch."

Und größer werden alle drei –
mit Spiel und Tanz ist's bald vorbei;
zur Schule gehen die Geschwister
mit Schiefertafel und Tornister.

Das Stillesitzen fällt oft schwer,
und Schwatzen darf man auch nicht mehr,
doch lernt man Rechnen, Schreiben, Singen
und hört von vielen neuen Dingen.
Von fremden Tieren, Blumen, Bäumen,
man spitzt die Ohren, darf nicht träumen,
und bald begreift man dies und das.
Dem Häsi macht es großen Spaß,
denn oft kann er das Pfötchen heben
und eine richt'ge Antwort geben.

Der Lehrer ist ein guter Mann,
der jedes Häschen leiden kann;
nur faule Kinder liebt er nicht.

Hier gibt er Bastelunterricht.
Da wird gehobelt und gesägt,
gefeilt, gezeichnet und geklebt.
Der Lehrer sieht in guter Ruh'
bald einem, bald dem anderen zu;
als Häsis Zeichnung er erblickt,
da ist er ganz und gar entzückt.

Und als um zwölf die Schule aus,
geht er sogleich ins Hasenhaus;
zum guten Vater spricht er dort:
„Gebt Häsi in die Lehre fort,
der Junge zeichnet fabelhaft,
weiß keinen, der was Bess'res schafft.

Das größte Glück ist hier auf Erden
für uns, ein Osterhas zu werden.
Nicht jeder hat dazu Geschick,
doch wett' ich, Häsi macht sein Glück!"

Der Winter naht mit seinen Freuden,
ihn mögen unsere Häschen leiden,
und weil's die ganze Nacht geschneit,
so ziehen sie zur Schule heut
auf ihren Skiern stolz davon –
hopsa – da liegt das eine schon!

Ist schulfrei dann am Nachmittag
erfreut sich jeder, wie er mag;
den Kleinen macht es viel Vergnügen
auf weißer Bahn dahin zu fliegen.
Und Häsi baut am Hügelrand
den Schneehas mit geschickter Hand,
setzt Augen ihm aus Kohlen ein,
es kann kein Schneemann schöner sein.

Das Weihnachtsfest kommt rasch heran.
Zum Walde geht der Hasenmann,
er sucht den schönsten Christbaum aus
und nimmt ihn fröhlich mit nach Haus.
Die Mutter, die schon lange Zeit
gesorgt in aller Heimlichkeit,
hat Nüss' und Äpfel angeschafft
und Süßigkeiten massenhaft.

Auch neue Kleider, Märchenbücher,
den Krug für Vater, warme Tücher;
als alles glänzt im Kerzenschein,
ruft sie die Kinderchen herein.
Für Häsi ist zu diesem Feste
die lange Hose doch das Beste;
Malkasten, Farben – Häsi strahlt,
jetzt wird den ganzen Tag gemalt.

*D*och ist der Winter noch so schön,
er muss einmal zu Ende gehn,
und wenn der Frühling kommt heran,
tritt Häsi seine Lehre an.

Im ganzen Land die schönsten Eier
stellt her der Osterhase Meier.
Zu ihm soll unser Häsi gehn,
die große Kunst ihm abzusehn.
Der Osterhase gleich erkennt:
Der kleine Häsi hat Talent.

Bei diesem Meister lernte schon
Max Kohldampf, auch ein Hasensohn.
Er war recht groß, doch faul und dick,
zur Arbeit fehlt ihm das Geschick,
er machte seine Sache schlecht
und Häsi kam ihm grade recht.

Wär nicht der gute Meister da,
dem Häsi Unrecht oft geschah.
Der Max will nur noch kommandieren,
der Häsi muss den Teig anrühren,
muss Zucker stoßen, Eier schlagen,
die Schüssel zu Max Kohldampf tragen;
denn kosten all die schönen Sachen,
das will der Max alleine machen.

$\mathcal{L}$ehrjahre gehen schnell herum.
„Max Kohldampf, deine Zeit ist um",
so spricht der Meister, „sei bereit,
zeig, was du lerntest in der Zeit!
Ich weiß, du bist ein fauler Strick,
doch mach jetzt das Gesellenstück.
Ich lass euch beide ganz allein,
heut Abend muss es fertig sein!"

Max Kohldampf kann sich nicht bequemen,
mit Ernst die Arbeit vorzunehmen,
er nascht bald hier und nascht bald dort,
nimmt Häsi seine Schüssel fort
und macht aus diesem süßen Brei
ein großes, dickes Osterei.
Doch weil er ungeschickt und dumm,
so wird das Ei ganz schief und krumm.

„Ein Meisterstück ist das zwar nicht",
denkt Max und malt schnell ein Gesicht
mit Nase, Bart und Brille drauf
und setzt 'ne Tüte obenauf.
„Genau so sieht der Meister aus",
schreit Max – da kommt er schon nach Haus.
Vor Schrecken setzt der freche Tropf
sich in den großen Farbentopf.
Der Meister fasst ihn streng am Ohr
und jagt ihn raus aus seinem Tor.
In seinem Leben wird er nicht
ein Osterhas, der faule Wicht!

Zu Häsi sprach der Meister dann:
„Fang das Gesellenstück jetzt an,
du bist zwar klein, doch sehr geschickt,
ich glaube wohl, dass es dir glückt."
Und Häsi schafft mit Fleiß und Müh
des Abends spät, des Morgens früh,
er formt und malt – der Meister lacht:
„Du hast ein schönes Werk vollbracht."
Und weil das Ei so gut gefällt,

wird es im Rathaus ausgestellt,
es kommt Besuch von fern und nah,
der Bürgermeister selbst war da.
Der Meister Häsi zu sich rief
und gab ihm den Gesellenbrief.
In diesem Briefe war zu lesen,
wie brav der Häsi stets gewesen;
„Sehr gut" der Fleiß und „Gut" die Führung,
die Hasenmutter weint vor Rührung.

So ward aus einem Hasenjungen,
der fröhlich durch das Gras gesprungen,
ein Osterhas, und der hat nun
bald alle Hände voll zu tun.
Denn seine schönen bunten Gaben
will jedes Kind gar gerne haben,
und seine Kunst wird sehr bewundert;
zehn Eier, zwanzig, fünfzig, hundert
bestellen sich die Leut' sofort.
Der Häsi zieht von Ort zu Ort,
er malt und pinselt zart und fein,

die Welt liegt rings im Sonnenschein,
's ist grade wie vor einem Jahr,
als er zur Welt gekommen war.
Mit frischem Mut und lust'gem Sinn,
so wandert er durch's Land dahin.
Wenn du fein brav bist, glaube mir,
dann kommt gewiss er auch zu dir.
Und findest du zum Osterfest
ein schönes Ei in deinem Nest –
es ist vom Freunde wohlbekannt,
vom Häsi aus dem Hasenland.

Hopsi

Ein lustiges Bilderbuch

Verse von Adolf Holst
Bilder von Ernst Kutzer

Schneeweiß war Hopsi, das Kaninchen
von Peterle und von Kathrinchen,
und mit dem seidenweichen Fell
ihr liebster Freund und Spielgesell.

Kein Wunder auch, wenn man bedenkt,
dass er von Großmama geschenkt
und nun bereits ein ganzes Jahr

der Kinder ein und alles war.
Wenn beide ihn im Arme hielten,
ihn herzten oder mit ihm spielten,
ihn fütterten, ihm schmeichelten,
sein weißes Fellchen streichelten,
war eitel Jubel und Geschrei,
wie wundervoll der Hopsi sei.
Doch das war alles nun vorbei!

Denn, ach, es kamen andre Sachen,
die kleinen Kindern Freude machen,
und die nun zierten neu und frisch
der Zwillinge Geburtstagstisch!

Da gab es Roller, Ball und Reifen,
geputzte Puppen, bunte Schleifen,
auch einen braunen Teddybär
und noch viel and'res Schöne mehr!

Mit all den Wunderdingen nun,
da hatte man genug zu tun
von früh bis spät, tagein, tagaus,
im Garten bald und bald im Haus.

Der Hopsi aber saß indessen
vereinsamt irgendwo – vergessen –
und grämte sich und härmte sich.
Er weinte wohl auch bitterlich
und machte kummervolle Ohren,
weil er der Kinder Herz verloren.
Denn auch ein Tier fühlt dies zumeist,
besonders, wenn es Hopsi heißt!
Das hielt er aus drei volle Wochen.
Dann hat er zu sich selbst gesprochen:
„Was hilft das Härmen und das Klagen!
Ich will doch mal den Gockel fragen –
der ist ein grundgescheiter Mann!
Vielleicht, dass er mir helfen kann."

41

Der Gockel dachte lange nach.
Dann kräht' er würdevoll und sprach:
„Mein lieber Hopsi, dieser Fall
ist neu in meinem Hühnerstall.
Maiskörner sind mein Leibgericht,
um Kinder kümm're ich mich nicht.
Doch wenn ich mir's recht überdenke,
wie man's zu deinem Besten lenke,
dünkt mich, du müsstest darauf sinnen,
die Kinder wieder zu gewinnen."
„Ja, schluchzte Hopsi, „aber wie?"
Der Gockel krähte: „Kikriki!
Das will ich dir ja eben weisen:
Du musst zum Osterhasen reisen!"
Hier fiel der Hopsi beinah um.
Dann fragte ängstlich er: „Warum?

Ich weiß ja nicht mal, wo er wohnt,
und meinst du denn, dass sich das lohnt?"
„Tja", rief der Gockel, „kikriki !
Die Sache ist doch einfach die:
Du hilfst dem Osterhasen malen,
lässt dich mit Eiern dann bezahlen,
den schönsten, die zu haben sind,
und bringst den Kindern sie geschwind
so recht zur lieben Osterzeit –
es ist ja gar nicht mehr so weit.
Dann setz ich meinen Kopf daran,
dass sie dir wieder zugetan!
Und was den Weg betrifft, so können
dich führen zwei von meinen Hennen
bis dahin, wo der Wald beginnt,
in dem die Märchen heimisch sind."

Dem Hopsi wurde heiß und kalt:
„Muss ich denn durch den Märchenwald?"
„Natürlich!", rief der Gockel da.
„Dort wohnt der Osterhase ja!"
Und darauf winkt' er mit dem Flügel. –
Gleich kamen von dem Gartenhügel
Tuck-Tuck und Töck-Töck-Töh gerannt
und machten Kratzefuß im Sand.

„Hört", rief der Gockel,
„kikriki! Ihr beide werdet morgen früh
Hopsi zum Märchenwald begleiten.
Drum seid zu Hause mir beizeiten
und gackert nicht wie toll und dumm
um jeden Regenwurm herum!
Ich wecke zeitig wie noch nie.
Kehrt! Marsch! Bis morgen! Kikriki !"

Kaum brach die erste Dämm'rung an,
da krähte schon vom Zaun der Hahn,
und eins-zwei-drei, mit Blitzesschnelle
war auch das Hennenpaar zur Stelle.
Als Letzter kam der Hopsi an,
was man ihm nicht verdenken kann.
Denn wer solch eine Reise tut,
ist aufgeregt und schläft nicht gut.
Für seine Wand'rung durch den Wald
trug er ein Ränzel umgeschnallt
und hatte zierlich und gewandt
ein Weidenstöckchen in der Hand.
Die Hennen grüßten höflich: „Bitte!"
und nahmen Hopsi in die Mitte,
dass seine Angst nicht gar zu groß.
Der Gockel krähte: „Fertig! Los!
Glückliche Reise! Kikriki!"

Und tapfer los marschierten sie.
Es war ein wundervoller Tag!
Im Silbertau lag Feld und Hag;
die Vögel sangen in den Zweigen
und hüpften ihren Morgenreigen,
und über all der Lust und Wonne
ging strahlend auf die Morgensonne.
Da fing auch unser Hopsimann
voll Lebensmut zu tänzeln an,
trug schier verwegen seine Ohren
und fühlte sich wie neugeboren.
Das steckte wiederum sodann
die würdevollen Hennen an,
dass sie vergnügt die Flügel lüpften
und mit ihm um die Wette hüpften.
Ein Glück, dass es der Hahn nicht sah –
dies Hopsa und Juchheirassa!

So wanderten vergnügt die drei
mit muntrem Gackern und Geschrei,
bis sie zuletzt den Hügel fanden,
auf dem drei weiße Birken standen.
„Hier müssen wir uns leider trennen“,
bedauerten die beiden Hennen,
„damit rechtzeitig wir zu Haus.
Geh du nur immer g'radeaus!

Dann findest du ganz sicher bald
den Eingang in den Märchenwald.“
So sprachen auf der Birkenhöh
die Tuck-Tuck und die Töck-Töck-Töh.
Dann schwiegen beide wehmutsstumm
und kehrten eilig wieder um.
Ein Winken und ein letzter Blick,
und Hopsi blieb – allein zurück!

Da stand er nun. Und so anfänglich
war ihm ums Herz doch etwas bänglich
vor all dem, was an diesem Tag
an Abenteuern vor ihm lag,
so unbekannt und unerhört!
Und beinah wär er umgekehrt
und nachgejagt den beiden Hennen,
die er ganz ferne noch sah rennen. –
Doch als er an die Kinder dachte,
aufs Neu der Mut in ihm erwachte,
dass plötzlich er vom Birkenhang
mit einem Satz hinuntersprang.
Und, um den Stock die Faust geballt,
betrat er kühn den Märchenwald.
Der lag so weit und unermessen,

als wär die Welt hier ganz vergessen,
in Nichts versunken Zeit und Raum
und alles Wunder nur und Traum!
Die Bäume wurden immer dichter
und hatten seltsame Gesichter.
Es war, als ob sie alle lachten,
sich über Hopsi lustig machten.
Aus unergründlich grünem Dämmern
scholl spöttisch eines Spechtes Hämmern,
und wo ein Quellchen rieselnd lief,
da klang's, als ob es „Hopsi" rief!
Das war so grauslich und so toll
und doch so schön geheimnisvoll,
dass süß ein Schauer nach dem andern
den Hopsi überlief beim Wandern.

So lief er wohl drei Stunden lang,
neugierig bald, bald heimwehbang –
bis er, schon etwas müd und lahm,
an eine Blumenwiese kam.
Hier schien so licht der Sonnenschein
durchs grüne Blätterdach herein,
dass Hopsi jauchzte: „Ei, der Daus,
hier ruh ich mich erst einmal aus!"

Und wie er sprach, so tat er auch.
Da sah er hinter einem Strauch
nicht weit vom Platz, den er erkoren,
plötzlich zwei lange Wackelohren,
die manchmal kerzengrade standen
und wieder hinterm Busch verschwanden.
Er lachte laut: „Haha – haha,
hier sitzt der Osterhase ja!"

Und da das Herz ihm nun so leicht,
weil er so schnell sein Ziel erreicht,
fing – heißa – unser Hopsimann
ein lustig Hoppeltänzchen an,
sodass sein Stummelschwänzel wippte
und er beinah vornüber kippte!
Wie aber ward dem Ärmsten da,
als jetzt erscholl ein laut „I-A !"
und hinterm Strauch mit langen Beinen
er einen Esel sah erscheinen!
Als Hopsi diesen tat erblicken,
fiel er vor Schreck fast auf den Rücken.
Der Esel aber rief: „Nanu!?
Freund Hoppelmatz, wer bist denn du?
Was willst denn du im Walde hier?"
Der Hopsi sprach: „Ich will zu dir!
Denn du bist doch der Osterhas,
der hinter jenem Strauche saß.
Drum, willst du redlich mich bezahlen,
so helf ich dir beim Eiermalen."
Da fing der Esel an zu lachen:
„Du willst mit mir wohl Witze machen!
Ich bin der Wunderesel ‚Streck dich!'

vom alten Märchen ‚Tischlein, deck dich!'
und mach die herrlichsten Dukaten,
wenn man das Zauberwort erraten.
Dann kleckert's lustig und geschwind,
das weiß doch wirklich jedes Kind!"
Drauf zeigte er dem Hopsimann
den Weg zum Osterhasen an,
begleitet' ihn ein Stücklein gar,
weil er ein guter Esel war.
So trabte Hopsi wieder weiter,
bald sorgenvoll, bald rüstig-heiter,
wenn er so an die Freude dachte,
die er den Zwillingskindern machte.
Er trabte rechts, er trabte links,
und immer tiefer waldwärts ging's –
bis er mit einem Mal ganz nah
ein schmuckes Häuslein vor sich sah.
Und aus der halbgeschlossnen Tür
sahn sieben Tierlein keck herfür
mit sieben süßen Schnuppernasen.
„Das sind die kleinen Osterhasen!",
rief jubelnd da der Hopsimann
und fing ein neues Tänzchen an.

48

Ihm ward dabei so wohl und leicht,
dass endlich er sein Ziel erreicht,
und beinah hätt' er umgerannt
Frau Geiß, die plötzlich vor ihm stand.
„Ei", rief sie meckernd unter Lachen,
„willst wohl mit mir ein Tänzchen machen,

ein Hoppeltänzchen auf dem Rasen?"
„Ich will zum lieben Osterhasen",
rief Hopsi triumphierend aus,
„er wohnt doch sicher hier im Haus!
Die Kindlein hab ich schon gesehn,
nun will ich zu ihm selber gehn."

„Du meine Güte", sprach die Geiß,
„was so ein Knirps nicht alles weiß!
Das sieht doch wirklich jedes Kind,
dass dies die sieben Geißlein sind!
Und ich bin ihre Märchenmutter
und hole jetzt für sie das Futter."
Die Geißlein schrien: „Ach, so ein Spaß!
Der meint, du seist der Osterhas!"
Die Alte aber schalt: „Hallo,
schweigt stille jetzt und schreit nicht so!
Sich so ergötzlich zu versehn,
kann auch dem Klügsten mal geschehn!"
Dann zeigte sie dem Hopsimann
den Weg zum Osterhasen an.
Sie brachte ihn ein Stücklein gar,
weil eine gute Geiß sie war.
So ging das Wandern wieder los,

und Hopsis Sorge war schon groß.
Denn immer dunkler ward's um ihn,
kein Vöglein sang im Waldesgrün,
nichts rührte und nichts regte sich,
kein Halm noch Blatt bewegte sich,
lag alles seltsam tot und stumm,
als wär die Welt verhext ringsum.
Da sah er plötzlich wunderschön
vor sich im Grund ein Häuschen stehn.
Das war so lecker anzuschaun,
so knusprig und schok'ladenbraun,
mit Pfefferkuchen, Marzipan
und Zuckerzierat angetan,
dass Hopsi schrie: „Juchheirassa,
nun bin ich aber wirklich da!
Das ist des Osterhasen Haus,
und meine Irrfahrt ist nun aus!"

Doch wie er noch so lustig lachte,
dazu sein Hoppeltänzchen machte,
sah er, vor Staunen wie benommen,
zwei Kinder aus dem Häuschen kommen.
Da hat er kühnlich es gewagt,
und, höflich grüßend, sie gefragt:
„Ihr Kinder, bitte, saget mir,
komm ich zum Osterhasen hier?"
Die aber schrien: „Reiß aus! Reiß aus!
Das ist das böse Hexenhaus!
Hänsel und Gretel sind wir zwei!
Die Hexe brennt, und wir sind frei!

Jetzt geht es heim im Sauseschritt!
Kehr um, du Kleiner, und komm mit!
Willst du dich aber weiter wagen,
musst du die Ente Nat-Nat fragen,
die drüben auf dem Weiher schwimmt.
Die weist den Weg dir ganz bestimmt."
Schon kam, als hätte sie's vernommen,
die Ente Nat-Nat angeschwommen
und zeigte, wie am besten man
zum Osterhasen kommen kann,
trug Hopsi übers Wasser gar,
weil's eine gute Ente war.

So schwamm der Hopsi voll Entzücken
als Reiterlein auf Nat-Nats Rücken.
Die Kinder aber lachten froh
und jodelten ein Holdrio
und winkten lange mit der Hand –
bis er im Dämmergrün verschwand.
Als dann die Wasserfahrt zu Ende,
sprang Hopsi an das Land behände,
bedankte schön und inniglich
für alles bei der Ente sich
und zog aufs Neue kühn und heiter
den Weg zum Osterhasen weiter.
Noch war er gar nicht weit gekommen,
als er ein wild' Gebraus vernommen.
Denn oben schüttelte – o Graus –
Frau Holle ihre Betten aus,
wie oft sie's tut noch im April,
wenn sie die Menschen necken will!
Das war ein Wirbeln und ein Wehn,
man konnte kaum den Wald noch sehn,
und wo man ging, und wo man saß,
ward alles pitsche-pudelnass!
Der Hopsi aber schlüpfte noch
rechtzeitig in ein Felsenloch.
Das Loch war wie ein Tor zum Berg,
und vor dem Tor, da stand ein Zwerg.
Der stand als wie ein Wächter hier
mit seiner Lanze vor der Tür,
mit einem hohen Zipfelhelm,
und lachte: „Komm nur rein, du Schelm,
und trockne erst dein Fellchen dir!
Was tust denn du im Walde hier?"

„Ach", seufzte Hopsi, „danke schön!
Ich muss zum Osterhasen gehn!"
„Zum Osterhasen? Liebe Zeit!
Der wohnt ja noch zehn Stunden weit!
Da kommst du heute nicht mehr hin.
Drum bleib die Nacht nur hübsch hier drin
und ruh dich im Schneewittchenhaus
für deine weitere Wandrung aus!"
Da war der Hopsi tief gerührt
und hat sich auch nicht lang geziert.
Er durfte zu Schneewittchen gehn,
im Häuschen alles sich besehn,
ward auf ein Stühlchen dann gesetzt,
mit Speis und Trank gar lieb geletzt.

Und als die andern Zwerge kamen
und von der Osterfahrt vernahmen,
war groß Hallo und viel Geschrei,
was für ein Held der Hopsi sei.
Schneewittchen nahm ihn auf den Schoß,
und dann ging ein Gejubel los,
denn alle tanzten mit Juchhei
den Wichtelhupfer um die zwei,
worauf dann Hopsi – trippel-trapp –
den Hasenhupf zum Besten gab.
Dann aber schlief er süß und sacht
im Zipfelhelm die ganze Nacht.

Doch als der neue Tag gekommen,
hat herzlich Abschied er genommen.
Der Wächterzwerg wies ihm den Weg:
„Erst rechts, dann links, dann übern Steg!"
Ja, brachte ihn ein Stücklein gar,
weil er ein gutes Wichtlein war.
Es war ein lichter Frühlingsmorgen,
und Hopsi, frisch und ohne Sorgen,
war voller Lust und Übermut,
denn gut geschlafen läuft sich's gut!

So hüpfte froh er seinen Weg,
erst rechts, dann links, dann übern Steg.
Er war schon ziemlich weit gekommen,
als ein Getöse er vernommen,
klang wie ein Stapfen, dumpf und schwer,
als wenn's ein Ungeheuer wär.
Das brauste seltsam übers Moos –
voran zwei Stiefel, riesengroß,
und oben drin ein Bübchen klein.

Das zog sechs andre hinterdrein,
die alle schrien und lustig lachten
und meilenlange Schritte machten.
O je, wie war dem Hopsimann!
Das Büblein aber rief ihn an:
„Nur keine Angst! Ich fress' dich nicht!
Ich bin der Däumling, kleiner Wicht!
Ich habe, wie man sehen kann,
die Siebenmeilen-Stiefel an.
Die hab ich eben – ungelogen –
dem Menschenfresser ausgezogen!
Jetzt geht es heim in tollem Rasen.
Und du?" – „Ich will zum Osterhasen."

„Zum Osterhasen? Liebe Zeit!
Der wohnt ja noch sechs Stunden weit!
Und eh du's denkst, hat dich am Messer
der ungeschlachte Menschenfresser.
Drum hast du Mut, Freund Hoppelmann,

so häng dich schleunigst hinten dran!
Ich bringe dich zur Elfenfee
hoch auf des Märchenberges Höh,
die alles sieht und wohl vernimmt,
die zeigt dir auch den Weg bestimmt."

Dem Hopsi ward, ich weiß nicht, wie:
„Jetzt werd' ich noch zum Federvieh
und fliege hier wie toll und dumm
als Vogel in der Welt herum.
Wenn das der gute Gockel säh',
die Tuck-Tuck und die Töck-Töck-Töh,
dass ich vierbein'ger Hopsimann
viel höher als sie fliegen kann!"
Potzwetter auch! Und ob sie flogen!

Hinauf-hinab, in kühnem Bogen,
bald über grüne Waldeswipfel,
bald über Fluss und Felsengipfel,
im Sauser alle sieben Mann –
und Hopsi immer hinten dran!
Und eh er's selber noch gedacht,
war schon der Wunderflug vollbracht,
und auf des Märchenberges Höh'
stand Hopsi vor der Elfenfee.

Als diese seinen Wunsch vernommen,
ließ sie sogleich drei Elfen kommen
im Blütenkleid mit gold'nem Haar
und spinnwebfeinem Flügelpaar.
Die sollten keine Zeit verlieren
und Hopsi bis zur Brücke führen,
die aus dem Märchenwald hinaus
sich wölbt' zum Osterhasenhaus.
Als er dann wieder fortgemüsst,
hat sie ihn zärtlich gar geküsst,
dass unser Hopsi alsogleich
sich fühlte wie im Himmelreich.

Das war mal eine Wanderfahrt,
so seltsam und so eigner Art,
und Hopsi war reinweg verliebt,
wobei es nichts zu lachen gibt!
Denn jedem wäre so geschehn,
hätt' er die Elfen tanzen sehn.
So wusste kaum er, wie's geschah,
da war auch schon die Brücke da –
die Brücke, weit und kühn gezogen
und farbig wie ein Regenbogen,
weil sie – bis zu den Pfeilern gar –
aus lauter Ostereiern war.

Das Schönste aber, was geschah,
und was jetzt Hopsi vor sich sah,
war Osterhasens Töchterlein,
Lü-Lüt – im Abendsonnenschein.
Die stand so lieb am Brückenende
und hob zum Gruß die kleinen Hände
und rief mit holder Stimme dann:
„Komm nur herüber, Hopsimann!
Ich weiß schon alles von der Fee
dort auf des Märchenberges Höh'.
Die hat ein Täubchen mir gesandt,
drum bist du mir ja wohlbekannt."

So musste Hopsi sich bequemen
und von den Elfen Abschied nehmen.
Dann nahm Lü-Lüt ihn bei der Hand
und führte ihn ins Osterland.
Schon winkte aus dem Grün heraus
das wundervolle Hasenhaus –
so märchenschön und farbenfroh,
dass Hopsi jauchzte Ah und Oh!
Zwar klopfte ihm das Herz nicht schlecht,
wie's drinnen ihm ergehen möcht'.
Doch Lü-Lüt lachte: „Hab nur Mut!

Der Osterhase ist so gut!
Sag ihm nur alles frank und frei,
dann kriegst du auch dein Osterei!"
Und wie sie sagte, so geschah's.
So freundlich war der Osterhas,
als Lü-Lüt ihm den Hopsi brachte,
dass er gleich Scherze mit ihm machte
und schließlich sagte: „Also – schön,
wir wollen einmal mit dir sehn!
Hilfst du mir brav beim Eiermalen,
so will ich dich nach Wunsch bezahlen."

So fing am andern Morgen dann
die große Osterarbeit an.
Und als der Hopsi um sich sah,
da waren viele Häschen da,
die schon mit ihren jungen Jahren
dem Osterhasen Helfer waren.
Da ward gerieben und gerührt,

getuscht, gepinselt und verziert.
Es strengte sich ein jeder an,
zu zeigen, was er leisten kann.
Der Osterhas ging hin und her
und tadelte und lobte sehr,
ja, half beim Malen selbst sogar
und zeigte, dass er Meister war.

Zuerst ward es dem Hopsi sauer,
und er geriet in große Trauer,
da er sich bös bekleckerte
und alles um ihn meckerte.
Nur Lü-Lüt fühlte mit ihm stumm
und band ihm flugs ein Schürzlein um.

Doch schließlich fand er sich darein
und malte – wie die andern – fein:
rot, gelb und blau und grün wie Gras,
als wär er selbst ein Osterhas
und hätt' gemalt sein ganzes Leben!
Die Kleckse aber blieben – kleben!

Da endlich kam der schöne Tag,
wo alle Arbeit fertig lag,
und wo die ganze Helferschar
zum Eierfest geladen war.
Es gab für alle, Groß und Klein,
Schok'lade und auch Erdbeerwein;
man machte lust'ge Pfänderspiele,
schoss mit der Armbrust nach dem Ziele,
und abends bei Trompetenschall
gab's Feuerwerk und Hasenball.
Das war euch mal ein toller Trubel,
ein wild Gehoppel und Gejubel,
wohin man sah – auf Schritt und Tritt.
Und Hopsi tanzte mit Lü-Lüt!

Am andern Morgen ward gepackt
und alles sauber eingesackt.
Denn jedes Häschen wusste ja:
Das liebe Osterfest war da,
wo man in Haus und Hof und Hecken
die Ostereier muss verstecken,
damit sie jedes brave Kind
voll Eifer sucht und jauchzend find't.

Bekam auch unser Hopsimann
ein Ränzel voll bis obenan
von Ostereiern. Und Lü-Lüt,
die gab ihm noch ein – Küsschen mit!
So zog er, dankbar und gerührt,
vom Osterhasen selbst geführt,
den schnellsten Weg zum Heimatort –
und war am Ostermorgen dort!

Wie groß war seine Freude da,
als er nun alles wiedersah:
Das Haus, den Hof, die Bäume all,
den Garten, den Kaninchenstall –
dass er vor Freude weint' und lachte
und wiederum sein Tänzchen machte!
Gleich kamen flügelflatternd an
die Hühner und der Gockelhahn
und wunderten sich ungeheuer
ob so viel schöner Ostereier.
Doch Hopsi sagte: „Pst - seid still,

weil ich sie erst verstecken will!
Sind dann gefunden alle Eier,
erzähl' ich euch mein Abenteuer."
Dann hat er, durch den Busch gedeckt,
die Eier alle schön versteckt,
hat, hinterm Gitter eng geduckt,
sich nicht gerührt und nicht gemuckt –
bis dann, in seligem Erwarten,
die Kinder stürmten in den Garten.
Die suchten nun an allen Enden,
ob sie wohl Ostereier fänden.

Da jauchzte plötzlich es ganz nah:
„Hier sind sie ja! Hier sind sie ja!"
Und gleich darauf rief das Kathrinchen:
„Schau, Peterle, dort – ein Kaninchen!
Der Peter aber schrie: „Hurra!
Der Hopsimann ist wieder da!"
Das war ein Jubeln und ein Schrein,
ein Herzen, Streicheln und Sich-freun,

dass man ihn beinah totgedrückt!
Und als die Kleckse sie erblickt
am Fellchen, ward es beiden klar,
wo Hopsimann gewesen war.
Da war die Freude riesengroß!
„Hopsi, du warst im Hasenschloss,
hast Ostereier uns gebracht –
das hast du wirklich fein gemacht!

Nun sollst du, liebes Hopsilein,
uns wieder ein und alles sein!
Und gäb' es tausend Spielzeug noch,
du bist das allerschönste doch!"
So war denn alles wieder gut.
Der Gockel lobte Hopsis Mut,
die Tuck-Tuck und die Töck-Töck-Töh,
die taten würdiger denn je,
weil sie mit Hopsi ausmarschiert
und ihn zum Märchenwald geführt.
Das ganze Hühnerpublikum

saß staunend dann um Hopsi rum
und lauschte, wie er voller Feuer
erzählte seine Abenteuer,
die er erlebt' im Walde all:
Vom Esel bis zum Hasenball,
Schneewittchen, Geißlein, Hexenhaus,
Elfen und Menschenfresser-Graus,
wie er mit wildgesträubten Haaren
als Vogel durch die Luft gefahren,
und wie er auf der Ente ritt – !
Das Schönste aber war Lü-Lüt!

Alle meine Häschen

Ein lustiges Hasenbilderbuch

Bilder von Fritz Koch-Gotha

Alle meine Häschen!

Häschen mit der Eierbütte,
unter Tannen, im Gesträuch,
auf dem Felde, vor der Hütte,
Häschen, ach, wie lieb' ich euch!

Ostern

Ich ging im grünen Gras
und dachte dies und das –
da sprang ein Häslein vor mir auf
und nahm feldüber seinen Lauf.
Nun ratet, was ich fand,
gerad', wo es weggerannt!
„Ein Nest!" – „Mit Eiern!"
„Wie viel?" – „Acht!"
Jawohl, ich hab sie mitgebracht.
Hier, teilt sie richtig aus,
und wohl bekomm' der Schmaus!

Osterhäslein

Drunten an der Gartenmauer
hab ich sehn das Häslein lauern.
Eins, zwei, drei – legt's ein Ei!
Lang' wird's nimmer dauern.

Kinder, lasst uns niederducken!
Seht ihr's ängstlich um sich gucken?
Ei, da hüpft's
und dort schlüpft's
durch die Mauerlücken!

Und nun sucht in allen Ecken,
wo die schönen Eier stecken,
rot und blau,
grün und grau
und mit Marmelflecken!

Beim Osterhasen

Bitt' schön, Osterhäschen im Schnee,
tut dir das Eierlegen nicht weh?
Na, wie viel werden's denn heuer?
Drei Dutzend? Hoffentlich nicht zu teuer!
Ist auch eine Menge bunter,
so recht knallroter und gelber darunter?
Du, ich weiß dir mal schöne Verstecke:
im Hühnerstall und hinter der Buchsbaumhecke!
Wie wär's mit der Hundehütte vom Spitz?
Oder unter Großväterchens Zipfelmütz?
Halt – pst! In Lilis gelbseidenen Puppenwagen!
Du darfst's aber niemandem weitersagen.

Osterlied

Has, Has, Osterhas,
wir möchten nicht mehr warten!
Der Krokus und das Tausendschön,
Vergissmeinnicht und Tulpen stehn
schon lang in unserm Garten.

Has, Has, Osterhas,
mit deinen bunten Eiern!
Der Star lugt aus dem Kasten raus,
Blühkätzchen sitzen um sein Haus.
Wann kommst du, Frühling feiern?

Has, Has, Osterhas,
ich wünsche mir das Beste:
ein großes Ei, ein kleines Ei
und ein lustiges Dideldumdei,
alles in einem Neste!

Zwölf Ostereier

Der Osterhase hat über Nacht
zwölf Eier in unseren Garten gebracht.
Eins legte er unter die Rasenbank,
drei zwischen das grüne Efeugerank,
vier lagen im Hyazinthenbeet,
drei, wo die weiße Narzisse steht,
eins oben auf dem Apfelbaumast:
Da hat sicher die Katze mit angefasst!

Hopsasa

Unser Bär kann tanzen,
der ist gar nicht dumm,
hopsasa, didiralla-la,
links und rechts herum!
Ringel-Ringelreihe
über Berg und Tal!
Häschen denkt: So links herum
möcht' ich auch einmal!

Häschen in der Grube

Häschen in der Grube
saß da und schlief.
Armes Häschen, bist du krank,
dass du nicht mehr hüpfen kannst?
Häschen, hüpf! Häschen, hüpf!

Hasensalat

Morgens in den Garten trat
Liese klein und niedlich,
saß ein Häschen im Salat,
schmaust' und tat sich gütlich.

Liese sprach: „Du armes Tier,
schmeckt das denn nicht fad,
wart' einmal, ich hole dir
den Essig zum Salat."

Kommt zurück schon mit dem
Krug, niemals lief sie schneller.
Essig gießt sie jetzt genug
auf den Hasenteller.

„Lieselchen, ich danke dir",
sprach der kleine Fresser,
„eigentlich doch schmeckt es mir
ohne Essig besser."

Häschen und Mäuschen

Schau die beiden Männchen an:
Hasenfritz und Mausimann!
Häschen spitzt die Ohren,
Mäuschen zückt die Sporen.
Schleicht der Fuchs ums grüne Feld,
gibt der Hase Fersengeld,
Mausi schlüpft ins Loch hinein.
Was möchtest du wohl lieber sein:
Häschen oder Mäuschen?

Die beiden Hasen

Zwischen Berg und tiefem, tiefem Tal
saßen einst zwei Hasen,
fraßen ab das grüne, grüne Gras
bis auf den Rasen.

Als sie sich nun satt gefressen hatten,
setzten sie sich nieder,
bis dass der Jäger, Jäger kam
und schoss sie nieder.

Als sie sich nun aufgerappelt hatten
und sie sich besannen,
dass sie noch am Leben, Leben waren,
liefen sie von dannen.

Das Häslein

Unterm Schirme tief im Tann
hab ich heut' gelegen,
durch die schweren Zweige rann
reicher Sommerregen.

Plötzlich rauscht das nasse Gras
– stille! nicht gemuckt! –
mir zur Seite duckt
sich ein junger Has ...

Dummes Häschen,
bist du blind?
Hat dein Näschen
keinen Wind?

Doch das Häschen, unbewegt,
nutzt, was ihm beschieden,
Ohren, weit zurückgelegt,
Miene, schlau zufrieden.
Ohne Atem lieg' ich fast,

lass die Mücken sitzen.
Still besieht mein kleiner Gast
meine Stiefelspitzen ...

Um uns beide – tropf-tropf-tropf –
traut eintönig Rauschen ...
auf dem Schirmdach –
klopf-klopf-klopf –
und wir lauschen, lauschen ...

Wunderwürzig kommt ein Duft
durch den Wald geflogen,
Häschen schnuppert in die Luft,
fühlt sich fortgezogen,

schiebt gemächlich rückwärts,
macht Männchen aller Ecken ...
Herzlich hab ich aufgelacht –
Ei, der wilde Schrecken!

Die Hasenjagd

Es hatte einmal ein lang anhaltender Regen die Gegend so sehr überschwemmt, dass fast alles Wild in den Niederungen zugrunde gegangen war. In dieser Not hatte sich ein Häschen schwimmend auf einen Weidenbaum gerettet, der aus dem Wasser hervorragte.

Das sah ein Bauer von seiner Hütte aus, und er dachte bei sich: Der Hase ist doch in meiner Küche besser aufgehoben als dort auf dem Baume, wo er zuletzt doch ersaufen muss. Deshalb zimmerte er ein paar Bretter zusammen und ruderte damit nach dem Weidenbaum, um den Hasen zu fangen. Der aber mochte auch dabei seine Gedanken im Kopfe haben, denn, wie nun der Bauer anfuhr und sich an den Zweigen hinaufzog, erspähte der Hase den rechten Augenblick und sprang über den Bauer hinweg auf das bretterne Fahrzeug. Dieses ward durch den Aufsprung in Bewegung gebracht und schwamm nun fort, wohin es das Wasser führte. Beim nächsten Hügel, wo es anfuhr, sprang der Hase aufs Trockene und dankte seinem Retter mit einem allerliebsten Männchen.

Der Bauer aber säße wohl heute noch auf dem Baum, wenn ihn nicht die Nachbarn heimgeholt hätten. Die haben ihn wegen seiner Hasenjagd dann tüchtig ausgelacht.

Häsleins Klage

Gestern Abend ging ich aus,
ging wohl in den Wald hinaus.
Saß ein Häslein in dem Strauch,
guckt mit seinen Äuglein raus.
Kommt das Häschen dicht heran,
dass mir's was erzählen kann.

„Bist du nicht der Jägersmann,
hetzt auf mich die Hunde an?
Wenn dein Windspiel mich ertappt,
hast du, Jäger, mich erschnappt.
Wenn ich an mein Schicksal denk,
ich mich recht von Herzen kränk'".

„Armes Häslein, bist so blass!
Geh dem Bauer nicht mehr ins Gras,
geh dem Bauer nicht mehr ins Kraut,
sonst bezahlst's mit deiner Haut!
Sparst dir manche Not und Pein,
kannst mit Lust ein Häslein sein."

Neckreim

Häschen steckt's Näschen
in den Kohlkopf hinein.
Liegt der Bauer auf der Lauer,
fängt das Häschen sich ein.

Jäger und Hund

Ein Jäger und ein Hund,
die fingen 'nen Hasen und –
sie hatten ihn bald, aber –
der Hase lief in den Haber.

Hasenjagd

Rische, rasche, rusche,
der Hase sitzt im Busche.
Woll'n wir mal das Leben wagen?
Woll'n wir mal den Hasen jagen?

Rusche, rasche, rische,
der Hase sitzt bei Tische.
Siehst du dort im grünen Kohl ihn?
Flink, nun lauf mal hin und hol ihn!

Rische, rusche, rasche,
hast ihn in der Tasche?
Was? Er ist ins Feld gegangen?
Ätsch! Kannst nicht mal Hasen fangen!

Glück muss man haben

Es hatten Has und Häsin
im Walde sich versteckt,
des Jägers Hunde haben sie
da leider doch entdeckt.

Der Jägersmann steht draußen –
der Schuss, der ging vorbei.
Der Hase mit der Häsin lacht.
Froh tanzen da die zwei.

Zwiegespräch

Fuchs: Guten Morgen, lieber Hase,
           ei, wie eilig in der Früh!

Hase: Ich besuche meine Base.

Fuchs: Sei so gut und grüße sie!
           Ei, fast hätt' ich es vergessen:
           Die hätt' ich fast aufgefressen!

Das Häschen

Horch, mein Häschen, merkst du was?
Hinterm Busch dort raschelt was.
Spitze ja die Ohren recht,
Häschen, sonst bekommt dir's schlecht!
Jäger ist es, – lauf nur, lauf –
schießt sonst mit der Flinte drauf.

Häschen legt die Ohren an,
läuft davon, so schnell es kann.
Jäger hat ganz gut gezielt,
doch für diesmal war's verspielt,
hat sein Pulver bloß verschossen.
Häschen lebt ihm jetzt zum Possen.

Der Hirsch, der Hase und der Esel

Ein Hirsch mit prächtigem Geweih
von achtzehn Enden ging spazieren.
Ein Hase lief vorbei, sah ihn und stutzte.
Starr auf allen vieren steht er und gafft ihn an,
macht Männchen, geht heran,
 sagt: „Lieber, sieh mich an!
 Ich bin ein kleiner Hirsch;
 denn spitz' ich meine Ohren,
 so hab ich solch Geweih wie du."

Ein Esel hörte zu, sprach:
„Häschen, du hast recht;
wir sind von einerlei Geschlecht,
der Hirsch und ich und du."
Der Hirsch tat einen Seitenblick
und ging in seinen Wald zurück.

Häslein

Unterm Tannenbaum im Gras
gravitätisch sitzt der Has,
putzt den Bart und spitzt das Ohr,
duckt sich nieder,
guckt hervor,
zupft und leckt sich,
rupft und reckt sich.

Endlich macht er einen Sprung:
„Hei, was bin ich für ein Jung'!
Schneller noch als Hirsch und Reh
spring ich auf und ab die Höh'.

Wer ist's, der mich fangen kann?
Tausend Hund und hundert Mann –
gleich will ich's mit ihnen wagen,
soll mich keiner doch erjagen!"

„Häslein, nimm dich doch in acht!
Hund und Jäger schleichen sacht.
Eh du's denkst, da zuckt es rot,
und die Kugel schießt dich tot!"

Aber's Häslein hat sich jetzt
wie ein Männlein hingesetzt,
schaut nicht auf und schaut nicht um.
„Pst, wer kommt so still und stumm
dort durch Busch und Dorn und Korn
mit dem Stutz und Pulverhorn?
Hu! Der Jäger ist es schon!
Häslein, Häslein spring davon!"

Ein frohes Fest im Hasennest

Ein lustiges Osterhasenbuch

Verse von Adolf Holst
Bilder von Ernst Kutzer

*D*as weiß heut' jedes Vogelnest:
Beim Osterhasen gibt's ein Fest!
Denn grade heut' vor fünfzig Jahren
ist ihm das Wunder widerfahren,
dass er voll Stolz und frohbewegt
sein erstes Osterei gelegt –
das erste von so vielen Eiern!
Solch Jubiläum muss man feiern
mit Sang und Klang, mit Spiel und Tanz,
mit Tafelschmaus und Lorbeerkranz,
dass aller Welt wird offenbar:
Der Osterhas ist Jubilar!

Wie fröhlich nun das Fest gewesen,
könnt ihr in diesem Buche lesen
und draus erkennen andachtsvoll,
wie das Verdienst man ehren soll.

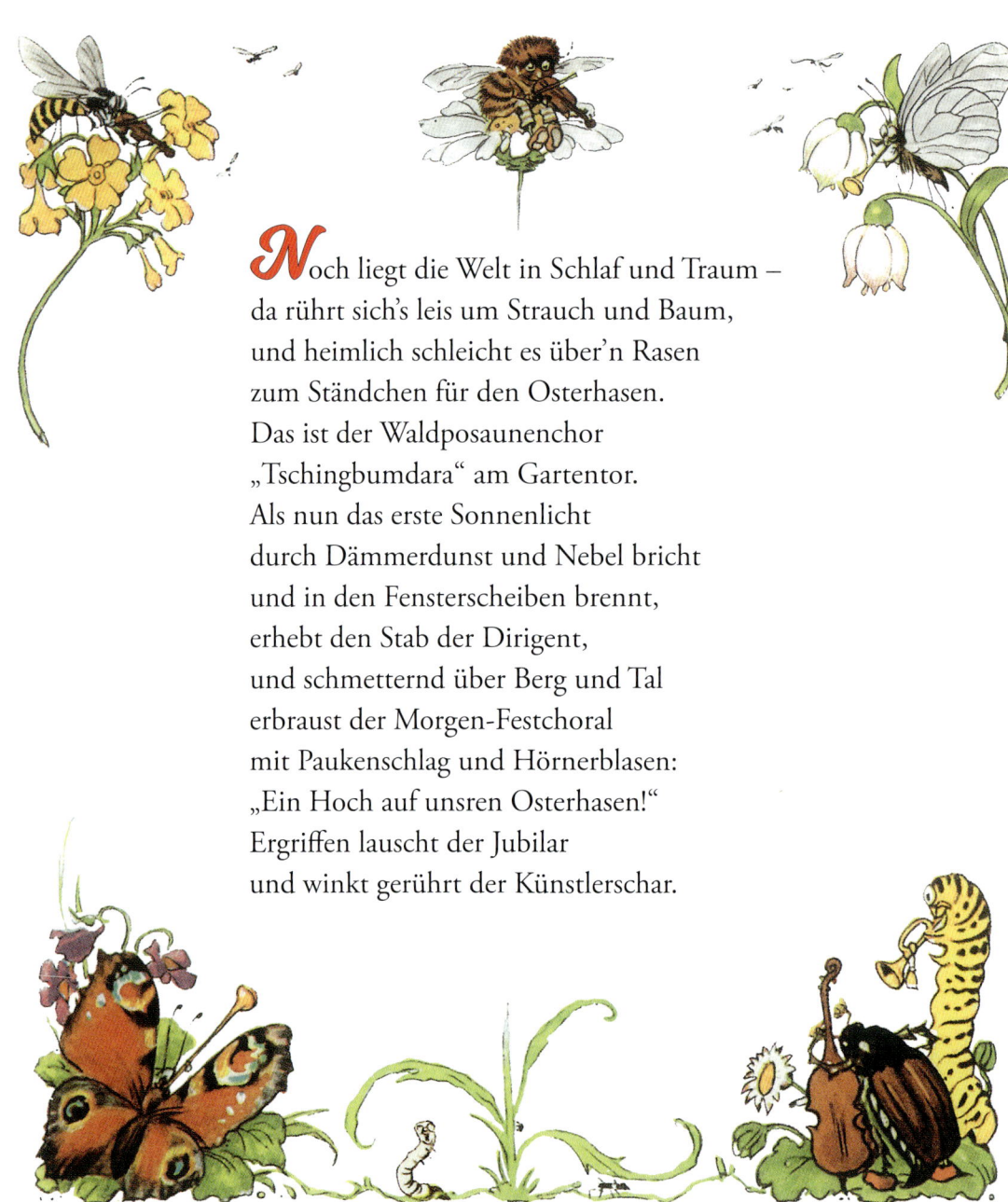

*N*och liegt die Welt in Schlaf und Traum –
da rührt sich's leis um Strauch und Baum,
und heimlich schleicht es über'n Rasen
zum Ständchen für den Osterhasen.
Das ist der Waldposaunenchor
„Tschingbumdara" am Gartentor.
Als nun das erste Sonnenlicht
durch Dämmerdunst und Nebel bricht
und in den Fensterscheiben brennt,
erhebt den Stab der Dirigent,
und schmetternd über Berg und Tal
erbraust der Morgen-Festchoral
mit Paukenschlag und Hörnerblasen:
„Ein Hoch auf unsren Osterhasen!"
Ergriffen lauscht der Jubilar
und winkt gerührt der Künstlerschar.

Wo solch ein Fest das Herz erfreut,
geziemt sich auch ein Feierkleid.
Drum wirft man, kaum entschlüpft dem Bette,
sich stolz in große Toilette
und schaut, vom Spiegel unterstützt,
ob alles schön und sauber sitzt.
Kommt man auch manchmal ins Gedränge,
weil Frack und Kragen reichlich enge,
und ruft auch keck der Kinder Chor:
„Mutti, dein Unterrock guckt vor!"
– zum Ziele führt Beharrlichkeit,
und endlich ist man dann so weit.

Gedeckt ist schon der Festtagstisch,
und alle Häslein freuen sich
und sagen tapfer, Mann für Mann,
ihr wohlgelerntes Sprüchlein an.
Auch Sträußlein gibt es, selbstgepflückte,
und Morgenschuhe, bunt gestickte,
ein Sammetkäppchen, wunderhold,
mit einer „50", ganz aus Gold!

Da wischt der gute Osterhase
zwei Tränen sich von seiner Nase,
und auch die Mutter ist gerührt,
da sie der Häslein Liebe spürt.
Doch ist die Rührung dann vorbei.
geht's lustig an die Schmauserei.

Wie glücklich, wenn zu solcher Stunde
vereint sich die Familienrunde
– ohn' alle Sorgen und Verdruss –
zu Festesfreude und Genuss!

Drum auch verbindlich lächelnd naht
Hinz Schnurrmurr mit dem Apparat,
und, tief vom Augenblick erfüllt,
verewigt er das traute Bild.
Im Mittelpunkt das Elternpaar:
Frau Häsin mit dem Jubilar!
Die Kindlein dann, vor Wonne stumm,
im Kreise malerisch drum 'rum.
Dann ruft Schnurrmurr: „Seht alle her!
Recht freundlich, bitte! – Danke sehr!"

Kaum ist der Knipser aus der Tür,
und alles krabbelt froh herfür,
da tritt, befrackt, schon nicht mehr jung
herein die Hasen-Abordnung
und überreicht mit Eleganz
Glückwunschadress' und Lorbeerkranz.
Dann ruft der Sprecher mit Gefühl:
„Weil du erfüllt dein Lebensziel
und fünfzig Jahre unentwegt
der Welt ihr Osterei gelegt,
sodass wir wohl mit Recht dich können
den Stolz des Hasenvolkes nennen,
verleih' ich dir zu neuer Kraft
die Hasen-Ehrenmitgliedschaft!"

*W*ie sie noch so beisammen stehn,
hört man's laut gackern, scharrn und krähn,
und, farbenprächtig angetan,
stolziert herein der Gockelhahn
und hinter ihm, höchst dienstbeflissen,
drei Ehrenhennen mit dem Kissen.
Und sieh – ein gold'nes Hühnerei,
mit Edelschmuck und Malerei,
hängt Gockel vor dem Publikum
gerührt dem Osterhasen um!
„Dies ist der höchste Hühnerorden,
der keinem noch zuteil geworden;
dir aber sei er heut' verliehn
für all dein Wirken und Bemühn!
So trage ihn zu Nutz und Ehr'
und lege weiter, wie bisher!"

*J*etzt geht es aber Schlag auf Schlag.
Den lieben, langen Vormittag
kommt alles froh hereinmarschiert,
bringt Gaben dar und gratuliert:
Eichhörnchen kommt mit seiner Frau,
es kommt der Dachs aus seinem Bau,
die Eule an dem Arm vom Specht
– sie sieht bei Tag bekanntlich schlecht –,
aus grünem Grund das Laubfroschpaar,
der Klapperstorch, Freund Adebar.
Zur Vorsicht wünscht auch Glück und Heil
die Feuerwehr mit Helm und Beil.

Ja, schließlich nahn als Gratulanten
aus ferner Stadt die Anverwandten
und stiften fürs gemeine Wohl
Zigarren, Wein und Blumenkohl.

Nach so viel Freuden fürs Gemüt
regt sich bei allen Appetit,
drum nimmt auch schmunzelnd jedermann
das angebot'ne Frühstück an.
Man widmet sich voll Emsigkeit
dem Leckren, was die Tafel beut.
Die Wirte gehen hin und her
und lächeln hold und nöt'gen sehr,
dass man das Trinken nicht vergisst,
weil das zum Feste nötig ist.

Doch mitten zwischen Trunk und Schmaus
fliegt's rastlos immer ein und aus:
Brieftauben sind's auf raschen Schwingen,
die Glückwunschtelegramme bringen.
Denn wer nicht selbst erscheinen kann,
bringt so doch seinen Glückwunsch an.

Vom Himmel gar Christkindlein schrieb:
„Mein Osterhas, ich hab dich lieb!
Und wird erst wieder Weihnacht sein,
kehr' ich gewiss mal bei dir ein."
Noch stehn sie alle wie im Traum
und sehn sich an und fassen's kaum,

da macht's schon wieder klinglingling,
und vor der Tür am Glockenring
steht Vetter Fuchs mit schiefem Blick
und zwinkert: „Auch ich wünsche Glück!
Zum Zeichen dessen, alter Knabe,
und weil ich gar so lieb dich habe,
gelobe ich – auf Fuchsenehr' –:
Ich fresse keine Hasen mehr!"

Da gibt es gleich ein groß' Hallo!
Denn alle Hasen sind nun froh.
Nur Osterhasen-Mutter spricht:
„Dem alten Schleicher trau ich nicht."

*D*och in ihr Warnen und Bedenken
naht man schon wieder mit Geschenken
aus Wald und Feld, geschmückt aufs Beste
zum Osterhasen-Ehrenfeste:
Die Käfer, Moos- und Wurzelmännchen
mit Blumentopf und Maitrank-Kännchen,
die Schmetterlinge und die Bienen
mit Honigtopf und frohen Mienen,
und plötzlich – alles schreit „Hurra! –
der Onkel Strauß aus Afrika!"
„Ja", spricht er und verneigt sich tief,
„mein Herz mich nach Europa rief!"
und überreicht graziös dabei
ein riesengroßes Osterei.

och staunt ergriffen jedermann
dies Wunderwerk der Schöpfung an,
da kommt's mit Heissa und Juchhe
gepurzelt von der Waldeshöh'!

Das sind die lust'gen Wichtelleute,
die wollen auch nicht fehlen heute,
und rumpelnd schleppen sie herbei
den Wagen mit dem Wunderei.

Das Wunderei – o welche Pracht!
aus Gold und Silber ist's gemacht,
geziert mit Kranz und Zackenrand
aus Perlentau und Diamant!

Und plötzlich aus dem Ei hervor
schwebt blütenzart ein Elfenchor,
und hold verschlungen – Paar um Paar –
umtanzen sie den Jubilar.
Sie singen süße Melodei
von Hasenglück und Osterei
und kränzen endlich zärtlich ihn
mit Veilchen blau und Rosmarin.

Zum Schluss beschenken um die Wette
mit Farbentopf und Tuschpalette
die Blumenkinder glückumstrahlt
den Meister, der so prächtig malt.
Da bricht alsbald bei Klein und Groß
ein ungeheurer Jubel los,
dass von dem donnernden Applaus
erbebt das ganze Hasenhaus.

Jetzt hebt sich mit bekränztem Haar
von seinem Sitz der Jubilar
und ruft in all das Vivat-Schrei'n:
„Ich lade euch zum Festmahl ein!
Doch dass für alle Platz und Raum,
folgt mir nun in den „Grünen Baum"!
Dort wartet schon, gedeckt aufs Beste,
der Tisch für meine lieben Gäste.
Und dass der Frohsinn nicht erlahme,
nimmt jeder Herr sich eine Dame
und führt sie sorglich und galant,
wo er für sie ein Plätzchen fand."
Drauf reicht er, schon vom Trubel warm,
der teuren Gattin seinen Arm,
und hinter beiden ordnet sich

der Festzug, froh und feierlich.
Der Gockel führt graziös Frau Gans,
Herr Fink das Fräulein Seidenschwanz,
der Laubfrosch eine Haselmaus,
Frau Störchin geht mit Onkel Strauß,
und köstlich unterhalten sich
Frau Gackel und Herr Schnatterich.
Jed's Wichtlein wandert froh geschwind
mit einem süßen Elfenkind –
und so die lange, lange Reih',
bis auch das letzte Paar vorbei.
Im „Grünen Baum" ist schon zur Stelle
die altbewährte Hauskapelle,
und bei dem ersten Geigenstrich
setzt alles sich vergnügt zu Tisch.

Wer könnte selbst in kühnsten Bildern
die Freuden dieser Tafel schildern,
und was bis spät ins Abendrot
das Fest noch an Genüssen bot!
Da tanzten einen Ringelreih'n
die Hasen-Enkelkinderlein,
dazwischen sang mit süßem Schall
ein Solo die Frau Nachtigall,
und schließlich trug der Männerchor

„Quakonia" drei Lieder vor.
Die Festtagsrede aber hielt
– wobei er mächtig sich gefühlt,
weil aller Augen auf ihn sahn –
der Hühner Stolz, Herr Gockelhahn.
Doch auch Herr Dachs tat sich erheben
und ließ die Osterhäsin leben,
und schließlich brachte Onkel Strauß
ein Hoch auf alle Damen aus.

Jetzt aber schlug auch an sein Glas
– klinglingklingling – der Osterhas,
und alles lauschte mäuschenstill,
zu hören, was er sagen will.

„Ihr lieben Freunde", er begann,
„ein tief Beschämen fasst mich an,
wenn ich bei mir so überdenke
die Ehren und die Festgeschenke
samt Lorbeerkranz und Hühnerorden,
die heute mir zuteil geworden!
Denn, was ich tat die fünfzig Jahr,
ja nichts als Pflichterfüllung war,
und wenn sie gute Früchte trug,
so ist das Lohn für mich genug.
Nun aber bin ich müd' und alt!
Ich sehne mich nach Ruhe bald,
und als zu große Lebensbürde
fühl ich die Osterhasenwürde.
Für dieses Amt, und was es schafft,
braucht's eine volle Jugendkraft
und einen kerngesunden Mann,
denn – Eierlegen, das strengt an!"

Hier nickten stolz voll Anerkennen
sehr würdig die drei Ehrenhennen,
und auch der Hahn, um sie zu ehren,
ließ ein vernehmlich „Bravo!" hören.

„Drum, liebe Freunde – unverdrossen –,
hab ich mich heut' dazu entschlossen,
den altererbten Eier-Segen
auf meines Sohnes Haupt zu legen,
dass er mein Werk – wie sich's gebührt –
zum Wohl der Menschheit weiterführt!

So tritt herzu, mein Erstgeborner,
zum Osterhasen Auserkorner,
und nimm aus deines Vaters Hand,
was dir das Schicksal zuerkannt!
Mit diesem Streiche, ritterlich,
schlag ich zum Osterhasen dich!"

So ging das schöne Fest zu Ende,
und alle hoben froh die Hände
und schwuren Treu' nach altem Brauch
dem neuen Osterhasen auch.

Dann zog mit frohem Lied und Reim
der Schwarm der Gäste wieder heim,
und mancher tapf're Wandersmann
hielt weise sich am Nachbar an.
Denn war auch alles gut beim Feste,
der Erdbeerwein war doch das Beste
und wurde darum nicht geschont –
doch jeder ist das nicht gewohnt.

So ging noch alles glatt und gut,
ein jeder war voll Übermut,
Glühwürmchen trugen Fackeln vor,
ein Marschlied sang der Männerchor,
ja, selbst die Wichtel stimmten ein,
wenn auch nicht schön und nicht ganz rein.

Kopfschüttelnd sah der gute Mond
auf all das Treiben ungewohnt.

In seinem Lehnstuhl aber saß
indes der alte Osterhas
und hörte noch das letzte Singen
gerührt im Frühlingswald verklingen.
Dann setzt' er nach des Tages Lauf
sich froh sein Sammetkäppchen auf,
zog an die buntgestickten Schuh'
und sprach: „Gottlob, jetzt hab ich Ruh!"

Weitere Oster- und Hasengeschichten:

Häslein Langohr und andere Ostergeschichten
von Ilse Schmid
ISBN 978-3-480-40150-5

Der Häschen-Schulausflug
Verse von Albert Sixtus
Bilder von Richard Heinrich
ISBN 978-3-480-40012-6

Die Häschenschule
Verse von Albert Sixtus
Bilder von Fritz Koch-Gotha
ISBN 978-3-480-40008-9

Ferien in der Häschenschule
Verse von Anne Mühlhaus
Bilder von Rudolf Mühlhaus
ISBN 978-3-480-40106-2

Ein Tag in der Häschenschule
Verse von Anne Mühlhaus
Bilder von Rudolf Mühlhaus
ISBN 978-3-480-40024-9

Musik in der Häschenschule
Verse von Anne Mühlhaus
Bilder von Rudolf Mühlhaus
ISBN 978-3-480-40142-0

Ostern in der Häschenschule
Verse und Bilder von Julia Walther
ISBN 978-3-480-40148-2